BEI GRIN MACHT SICH IHR WISSEN BEZAHLT

- Wir veröffentlichen Ihre Hausarbeit,
  Bachelor- und Masterarbeit

- Ihr eigenes eBook und Buch -
  weltweit in allen wichtigen Shops

- Verdienen Sie an jedem Verkauf

Jetzt bei www.GRIN.com hochladen
und kostenlos publizieren

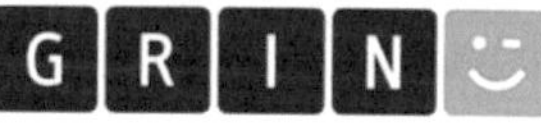

Bibliografische Information der Deutschen Nationalbibliothek:

Die Deutsche Bibliothek verzeichnet diese Publikation in der Deutschen National-
bibliografie; detaillierte bibliografische Daten sind im Internet über http://dnb.d-
nb.de/ abrufbar.

Impressum:

Copyright © 2012 GRIN Verlag, Open Publishing GmbH
Druck und Bindung: Books on Demand GmbH, Norderstedt Germany
ISBN: 9783668495685

Katharina Preuth

Zum Stand der Critical Whiteness Debatte in Deutschland

Referenztext: "Das Privileg der Unsichtbarkeit. Rassismus unter dem Blickwinkel von Weißsein und Dominanzkultur" von Helga Amesberger und Brigitte Halbmayr

GRIN Verlag

1. Vorstellung der Ausarbeitungsperspektive

Ausgehend von einer Präsentation im Rahmen des Seminars „Körper – Farbe Medium oder: War Old Shatterhand weiß?" beleuchtet die vorliegende Arbeit, welche Dimensionen Weißsein[1] angenommen hat, wo die geschichtlichen Ursprünge dieses Phänomens zu suchen sind und wie der Stand der Critical Whiteness Debatte im deutschsprachigen Raum einzustufen ist. Das Aufzeigen des Status quo macht auf eine intensive und vor allem kritische Debatte aufmerksam, die Verbesserungspotenziale im Hinblick auf gesellschaftliche Empathiefähigkeit und Toleranz beherbergt und damit insgesamt als zukunftsweisend eingestuft werden kann.

Als maßgeblicher Referenztext dieser Ausarbeitung liegt der Text „Das Privileg der Unsichtbarkeit" von Helga Amesberger und Brigitte Halbmayr, erschienen im Jahr 2008, zugrunde. Die Gliederung dieser Arbeit orientiert sich an dem Aufbau der Ausführungen beider Autorinnen und behandelt nach der Definition und geschichtlichen Verortung von Critical Whiteness in Punkt 2. die einzelnen und klar nachvollziehbaren Dimensionen von Whiteness (s. Punkt 2.1 „Weißsein als (unbenannte und unmarkierte) Norm bis Punkt 2.7 „Weißsein als (Konflikt um) Identität"). Inhaltlich werden diese Abschnitte mit Seminartexten angereichert. Diese Ergänzungen sind nicht als Kritik am Referenztext zu verstehen. Vielmehr fließen in die stark soziologisch geprägten Ausführungen von Amesberger und Halbmayr zentrale Thesen der Kunstkritik zum Rassismus mit ein, die den Fokus des Referenztextes erweitern und die Aussagekraft der einzelnen Dimensionen des Weißseins stärken. Auf diese Art und Weise wird die Auswertung des Referenztextes in den Gesamtkontext des Seminars eingebettet. In Punkt 2.8 „Verengungen und Überdehnungen von Weißsein" werden die kritischen Thesen von Amesberger und Halbmayr zur aktuellen deutschsprachigen Debatte referiert und gleichzeitig einer thematischen Verengung bzw. Überdehnung von Weißsein zugeordnet. Schließlich erfolgt in Punkt 3. eine persönliche Einschätzung der diskutierten Thesen sowie ein Blick auf das künstlerische Zeitgeschehen.

Als formaler Hinweis wird erwähnt, dass Personen mit unterschiedlichen Hautpigmentierungen aus Gründen der vereinfachten Ausdrucksweise im Sinne ihrer Phänotypen als „Weiße" und „Schwarze" bezeichnet werden. Ebenso wird aus Gründen der besseren Lesbarkeit stets die männliche Form für alle Personenbezeichnungen gewählt.

2. Critical Whiteness in der deutschsprachigen Debatte

Critical Whiteness Studies (CWS) nehmen die Weißen als dominante Mehrheitsgesellschaft kritisch in den Blick und hinterfragen die erhabene Position der Weißen im gesellschaftlichen

---

[1] Weißsein und Whiteness werden in den weiteren Ausführungen synonym verwendet.

Hierarchisierungsprozess (vgl. im Folgenden Amesberger/ Halbmayr 2008: 119 ff.). Während in den USA bereits eine intensive Auseinandersetzung mit dieser Thematik seit den 1990er Jahren stattfinde, konstatieren die Autorinnen für den europäischen Raum eine ausgedehnte Phase der sogenannten „klassischen" Rassismusforschung, d.h. die Dominanz der Weißen werde als selbstverständlich hingenommen, während Schwarze eine benachteiligte Position inne haben. Erst mit der Jahrtausendwende werde Weißsein im deutschsprachigen Raum mit Hegemoniekritik, d.h. als Kritik an der Vormachtstellung einer bestimmten Gruppe (hier: Weiße), in Verbindung gebracht. Allerdings stehe die Übertragung der Critical Whiteness Debatte in Deutschland und Österreich immer noch in den Anfängen. Vor allem die Adaption eines Theorieansatzes aus einer anderen Kultur, wie den USA, bereite Schwierigkeiten. So seien bereits die Begrifflichkeiten „black" and „white" extrem auslegungsbedürftig.

Als Ergänzung zum zugrundeliegenden Text ist an dieser Stelle ein Blick auf Richard Dyers Bedeutungsebenen von Weißsein für den Diskurs gewinnbringend, da er unterschiedliche Dimensionen von Weißsein aufzeigt (vgl. im Folgenden Dyer 1997: 42 ff.): Dyer versteht Whiteness bzw. Weißsein zunächst als Farbkategorie, d.h. als Teil des Farbspektrums. Auch das Auslassen jeder Form von Farbe ordnet er der Farbkategorie weiß zu. Weiterhin stehe Whiteness für eine Hautfarbe bzw. Hautpigmentierung, wobei weiße Hautfarbe innerhalb der eigenen Gruppe durchaus variabel und damit flexibel interpretiert werden könne (ähnlich der Abstufung Weiß als Farbkategorie). Schließlich betrachtet Dyer Whiteness als Symbol für bestimmte Eigenschaften und Zuschreibungen: Klassischerweise stehen sich „weiß" gleichbedeutend für *gut* und „schwarz" gleichbedeutend für *böse* in scheinbar unüberwindbarer Opposition gegenüber. Für die weiteren Ausführungen dieser Arbeit wird Whiteness als Hautpigmentierung verstanden, die mit den positiven Eigenschaften von weiß symbolisch belegt sind. Eine derartige Differenzierung lassen Amesberger und Halbmayr vermissen.

Richard Dyer ist es auch, der über seine filmwissenschaftlichen Analysen Mitte der 1990er Jahre die bisherige Forschungstradition zu Rassismus im europäischen Raum aufbricht und damit maßgeblich zur Adaption der Critical Whiteness Studies beiträgt (vgl. beispielsweise Dyer 1995). Offensichtlich erleichtert die eher anonymisierte Medienanalyse den Zugang zur Critical Whiteness Debatte. Aktuell sind die Wissenschaftsdisziplinen der Psychologie, Afrikanistik, Ethnologie, afrik. und amerik. Literaturwissenschaften, Sozialpädagogik, ev. Theologie und andere akademische Künste an der Entwicklung der CW-Debatte beteiligt (vgl. Amesberger/ Halbmayr 2008: 121). Erstaunlicherweise sind die Soziologie und Politikwissenschaft als Disziplinen erst ab 2006 bzw. 2005 in dieser Hinsicht engagiert (vgl. ebd.: 121).

Ebenfalls zu kurz wird von den Autorinnen die Frage behandelt: Worin liegt die Unterscheidung in schwarz und weiß bei Menschen verortet? Anders gefragt: Seit wann und aus welchen Gründen unterscheiden sich Menschen nach Hautpigmenten voneinander? Welche Berechtigung hat die weiße Dominanzkultur?

Zwischen dem 13. und dem 16. Jahrhundert wurden die Menschen bereits physiologisch voneinander unterschieden (vgl. im Folgenden Groebner 2003: 3 ff.). Diese Trennung wird unter dem Begriff der „complexion" (ebd.: 8) zusammengefasst und entstammt der Säftelehre des Arztes Galenos von Pergamon aus der Spätantike. Als menschliches Ideal galt ein möglichst „ausgeglichener Zwischenzustand" (ebd.: 8) zwischen den Körperfarben rot, schwarz und weiß, d.h. keine rein helle Haut. Hautfarbe war weiterhin keinen geographischen Herkunftsorten zugeordnet. So stellt Groebner fest: „Die Einwohner Indiens und Ostasiens hätten dieselbe Hautfarbe wie Europäer, fanden Reisende bis ins 17. Jahrhundert (..)" (ebd.: 9). Damit waren Hautfarben bis ans Ende des Mittelalters nicht kategorisch voneinander abzugrenzen und somit relational. Wesentliche Veränderungen bringt der aufkommende Sklavenhandel in der zweiten Hälfte des 15. Jahrhunderts, der auf die europäischen Körpervorstellungen zurückwirkte. Folglich war aus einer ursprünglich veränderbaren Disposition eine „angeborene, ,natürliche', essentielle Eigenschaft" (ebd. 14) geworden. Hautfarbe wurde ab diesem Zeitpunkt auf rein sichtbare Merkmale reduziert, was durch die Konstruktion des abstrakten Begriffs der Rasse im 16. Jahrhundert unterstützt wurde. Angela Rosenthal weist auf das gestiegene Interesse an den Kolonialländern und dem Handel mit Afrika hin (vgl. Rosenthal 2001: 96 ff.). Diese unterschiedlichen wirtschaftlichen Machtverhältnisse sowie die Popularität des Pygmalionmythos im 18. Jahrhundert geben Aufschlüsse darüber, warum sich die „elfenbeinfarbene Frau als Symbol der Macht über afrikanische Länder" (ebd.: 96) erhob. Im Verlauf der Kunstgeschichte wurden die Bedeutungsebenen von weißer Haut nachvollziehbar (vgl. ebd.: 103 ff.). Diese These liefert zwar keine unmittelbare Begründung für die Hierarchisierung der Hautfarben, verdeutlicht aber die Dimension der Verbreitung in europäischen Ländern. Während im 17. Jahrhundert die Abbildung weißer Damen mit Mohrenpagen das *implizite* Weißsein populär vertreten hat, wurde im folgenden Jahrhundert die Haut weißer Damen *explizit* lesbar gemacht. Rosenthal resümiert hierzu: „Die versteinerte weiße Statue des 17. Jahrhunderts wird im 18. Jahrhundert durch eine belebte Darstellung empfindsamer ,Weiblichkeit' abgelöst." (ebd.: 103). Spätestens mit der malerischen Abbildung „weißer Dominanz und Präsenz" war der Weg für eine institutionalisierte Diskriminierung Schwarzer beschritten.

2.1 Weißsein als (unbenannte und unmarkierte) Norm

Auch wenn Rosenthal in ihren Ausführungen zur „Kunst des Errötens" von einem expliziten Weißsein spricht, wird Weißsein in der Regel nicht benannt. Während das Schwarzsein in der Öffentlichkeit thematisiert wird, ist das Weißsein grundsätzlich keiner weiteren Diskussion unterworfen (vgl. Amesberger/ Halbmayr 2008: 122 f.). So werden Schwarze als Schwarze bestimmt, eingeordnet und bewertet. Weiße werden nicht als weiß benannt, sondern sie „verschwinden" vielmehr hinter bestimmten Attribuierungen, die ihre Individualität hervorheben. Ihr Erscheinungsbild sei scheinbar selbstverständlich. Es sei daher auch nicht verwunderlich, dass Weißsein lange Zeit als Norm für die Richtlinien der photographischen und kinematographischen Technologie diente.

Ein Erklärungsansatz für diese Zurückhaltung könnte darin liegen, dass das Weißsein in der Nachkriegszeit (und darüber hinaus) ausgeklammert wurde, um die damit verbundenen Ideologien abzustreifen (vgl. Dyer 1995: 152). Dies geht thematisch mit der Annahme einher, dass die Maler *Albert Eckhout* und *Frans Post* in ihren Werken typische Attribute eines Sklaven auslassen, um die Existenz von Sklaverei zu verdrängen (vgl. Schmidt-Linsenhoff 2003: 297). Allerdings bringt Schmidt-Linsenhoff den Erklärungsansatz im Gegensatz zu Dyer auf eine europäische Ebene und spricht von einem „allgemeine(n) europäische(n) *black out* eines Tätertraumas" (ebd.: 297).

Die Nicht-Markiertheit von Weißen wird am Beispiel der weißen Frau besonders deutlich: Die hell ausgeleuchtete, weibleiche und weiße Person wird von der Filmindustrie als Figur für Transzendenz, Unbestimmbarkeit und zugleich Zurückweisung stilisiert (vgl. Dyer 1995: 161 f.). Die vollkommene Ausleuchtung der Frau lässt sie für den Mann zu einem erstrebenswerten Geschöpf aufsteigen, wobei die Helligkeit gleichzeitig Misstrauen und das Gefühl der Zurückweisung beim Mann auslöst (vgl. ebd.: 165). Dass die weiße Frau, wie alle weißen Menschen, jedoch sehr wohl markiert und bestimmt ist, zeigt das „Vokabular der Personenbeschreibungen" (Groebner 2003: 17). Durch die Beschreibung Weißer werde nämlich bereits eine konkrete Markierung ihrer Erscheinung vorgenommen.

2.2 Weißsein als unsichtbare Kategorie

Weißsein als unsichtbare Kategorie geht inhaltlich mit dem unbenannten und unmarkierten Weißsein einher. Das Unsichtbare der Weißen kommt dadurch zustande, dass lediglich über die Nennung schwarzer Merkmale auf weiße Merkmale schlussgefolgert werden kann (vgl. Amesberger/ Halbmayr 2008: 123 ff.). So werde die bestehende Dichotomie zwischen Schwarz und Weiß als Farbe zur Abgrenzung menschlicher Hautpigmentierungen aufgegriffen. Diese

Art und Weise komme jedoch einer Reduzierung der Schwarzen zur Definition der Weißen gleich. Das Ausblenden des Weißseins, die sogenannte „color-blindness" (ebd.: 124), könne als Ausweichstrategie wie auch als Zeichen der etablierten Vorherrschaft Weißer gedeutet werden. Als Beispiele für unsichtbare Weiße können wiederum weiße Frauen angeführt werden. Sie werden in ihrem Wesen im Kontrast zum Schwarzen regelrecht produziert. Daher spricht Rosenthal in ihren Ausführungen auch vom *impliziten* Weißsein (Rosenthal 2001: 98 ff.). Bildnisse von sogenannten Mohrenpagen belegen diese Feststellung eindrucksvoll. Katja Wolf stellt in diesem Zusammenhang fest: „Diese Assistenzfiguren (hier: Mohrenpagen, Anmerkung K.W.) spielen eine Hauptrolle in Bezug auf die effektive Visualisierung weißer Haut, denn sie machen als Kontrastfigur die helle Haut erst sichtbar und verleihen ihr (...) einen Wert." (Wolf 2004: 137). Neben der Malerei nutzt der Film die Sichtbarmachung des Weißseins über die Abgrenzung zum Schwarzsein. Das „Sein", die „Körperlichkeit" und die „Anwesenheit" weißer Personen wird mithilfe schwarzer Personen erst hergestellt (Amesberger/ Halbmayr 2008: 125).

Das Prinzip der Unterscheidung nach Dichotomien ist über viele Bereiche und Epochen gängig. So bezog sich die „populäre physiognomische Traktatliteratur" (Groebner 2003: 7) fast ausschließlich auf die körperliche Verfassung von Männern. Frauen wurde lediglich als „negative Kontrastfolie" (ebd.: 7) des Mannes angeführt, um bedrohliche Eigenschaften von Männern vor Augen zu führen. Allerdings unterscheide sich diese Dichotomie von der schwarz/ weiß-Dichotomie dadurch, dass der Mann als etwas Positives sichtbar gemacht werde. Schwarze werden dagegen negativ konnotiert und damit zur Schau gestellt, um darüber auf die positiven Eigenschaften der Weißen zu schließen.

2.3 Weißsein als Mythos

Mythen bieten weder wissenschaftlich fundierte noch anders gelagerte Begründungen von Phänomenen, sondern geben fixierte, unreflektierte Feststellungen und kulturell geprägte Wertungen wieder (vgl. im Folgenden Amesberger/ Halbmayr 2008: 125 ff.). In den Worten des französischen Philosophen und Schriftstellers *Roland Barthes (1964)* gesprochen, sind Mythen daher entsprechend „zäh und langlebig" (vgl. Barthes zit. n. Amesberger/ Halbmayr 2008: 126). Der Mythos des Bildhauers Pygmalion soll als Beispiel für einen Mythos um Hautpigmentierungen skizziert werden: Pygmalion schafft sich eine ideales Frauenbild aus Elfenbein. Diese Statue wird nach einem Gebet Pygmalions zum Leben erweckt und hat die Fähigkeit zu erröten, als diese von Pygmalion geküsst wird (vgl. Darstellung n. Rosenthal 2001: 95 f.). Die Farbe Weiß wird hier mit positiven Eigenschaften belegt, was wiederum den

Mythos der Überlegenheit der Weißen unterstützt. Die Ursprünge für diese mystifizierte Übermacht der Weißen sind im Kolonialismus zu suchen:

> Das Interesse galt dem neuen Land, den Naturschätzen, der ungewöhnlichen Flora und Fauna, nicht aber den Menschen in ihrer Menschlichkeit und jeweiligen Individualität. Von Beginn an wurden sie mythologisiert – sei es als „Edle Wilde", sei es als „Grausame Wilde" –, wurden sie in ihrer Differenz zum „Weißen Mann" festgeschrieben. (Amesberger/ Halbmayr 2008: 126 f.)

Plakative Aussagen über Schwarze haben zur Mythosbildung über diese Gruppe beigetragen. So hat der französisch-stämmige Psychiater und Schriftsteller *Frantz Fanon (1952)* die Behauptung aufgestellt, dass „der wahre Andere des Weißen der Schwarze ist und bleibt" (Fanon zit. n. Schmidt-Linsenhoff 2003: 185).[2] Der Mythos von der Andersartigkeit Schwarzer wird in zahlreichen weiteren Aussagen manifestiert, die an dieser Stelle jedoch nicht weiter ausgeführt werden.

Die Sichtbarmachung der bestehenden Mythen findet beispielsweise in der Interpretation künstlerischer Werke, wie in dem von Anthonis van Dyck: *Marchesa Elena Grimaldi di Cattaneo,* ca. 1623. Washington, D.C., National Gallery of Art, statt. Der abgebildete „Mohr" des Werkes weist mit seinen spitz angedeuteten Ohren ein Verwandtschaftsverhältnis mit dem triebgeleiteten „Satyr" nach, welches für Schwarze dem Mythos nach Bestand haben sollte (vgl. Wolf 2004: 140). Für das Aufbrechen der „Schwarz-Weiß-Mythen" in den letzten Jahren sind vor allem die Arbeiten der *Cultural Studies, Post Colonial Studies* sowie der *Black Studies* verantwortlich (vgl. Amesberger/ Halbmayr 2008: 127).

2.4 Weißsein als zurichtender Blick

Das Konzept des Weißseins und die damit verbundenen Mythen wurden durch die „Institutionalisierung des normativen Blicks" (Warth in Amesberger/ Halbmayr 2008: 127) ermöglicht. Diese Verankerung des Blicks wurde dabei maßgeblich durch die Darstellungen von Schwarzen auf Fotos und in Filmen vorgenommen, so dass der Kolonialismus überhaupt errichtet und anschließend erhalten werden konnte (vgl. im Folgenden Amesberger/ Halbmayr 2008: 127). Schwarze wurden fast ausschließlich auf ihre Körperlichkeit reduziert, die bei den Betrachtern eine exotische und primitive Anmutung auslöste. Der zurichtende Blick war folglich eng mit der Zuschreibung körperlicher Eigenschaften verbunden und zeugt von einer eindimensionalen Blickrichtung.

---

[2] Eine weitere Auseinandersetzung mit Fanon sei nach Schmidt-Linsenhoff trotz dieser kritischen Position angebracht, weil dieser die Visualität und das Körperbild für die Kolonialkultur hervorgehoben habe und dem Leser über die kontrastive Verwendung der Begrifflichkeiten „Körperschema" und „Rassenschema" eine nachhaltige, ästhetische Erfahrung ermöglicht habe (vgl. Schmidt-Linsenhoff 2003: 186). Daher gelte er auch als bedeutender Wegbeschreiter der Entkolonialisierung.

Die technisch-mediale Entwicklung ist in diesem Prozess bedeutend, weil die Fotografie und der biologische Begriff der Rasse historisch betrachtet zusammenfallen. So stellt Dyer stellt, dass „(..) die fotografischen Medien eine zentrale Rolle in der Bestimmung von Rasse, einschließlich des Weißseins (spielten)" (Dyer 1995: 153). Handbücher zur fotografischen Praxis setzten Weißsein als Norm voraus, was einer unbewussten Privilegierung der Weißen gleichkam (vgl. Dyer 1995: 154 ff.; vgl. auch Stroebel/ Zakia 1993). Die Medium der Fotografie fungierte damit als technisch-experimenteller Rahmen für das „weiße Interesse" an unterschiedlichen menschlichen Rassen und prägte maßgeblich den zurichtenden Blick.

Jedoch gab es auch bereits vor der Verbreitung der Fotografie Bildnisse von außereuropäischen Menschen mit dunkler Haut. Einer der ersten Maler, der Schwarzen großformatige und ästhetisch anspruchsvolle Werke widmete, war *Albert Eckhout (ca. 1607 bis 1665/66).* Schmidt-Linsenhoff stellt hier ebenfalls eine zurichtende Sichtweise des Malers fest: „Obwohl Eckhouts gezeichnete Studien eine außerordentliche Sensibilität für die Individualität seiner indianischen Modelle zu erkennen geben, sind die Gemälde selbst keine Individual-, sondern Typenporträts in der Logik des *pars pro toto* und der Personifikation" (Schmidt-Linsenhoff 2003: 292). Die Schwarzen sind lediglich „naturkundliche Belegobjekte" (ebd.: 293) gewesen. Die heutige Aufgabe von Europäern liegt darin, den eigenen zurichtenden und stereotypisierenden Blick offenzulegen und damit den malereigeschichtlichen Beitrag zum Kolonialismus zu reflektieren (vgl. Schmidt-Linsenhoff 2003: 305).

Auch wenn demzufolge ein stereotyper Blick auf Schwarze existierte, bestand und besteht bis heute innerhalb der Mediendebatte und der „aktuellen Diskussion um Kunstgeschichte als Bildwissenschaft und um eine transkulturelle Anthropologie des Bildes" (Schmidt-Linsenhoff 2003: 287) ein Konsens, dass künstlerische Werke und Fotografien keine Realitäten abbilden. Vielmehr wird die Realität von den Bildern und Werken erzeugt (vgl. ebd.: 287) und unterliegt damit der künstlerischen Freiheit. Der zurichtende Blick sei daher vergleichbar mit einem selektiven Blickwinkel, der unberechtigterweise Allgemeingültigkeit beanspruche. Mit diesem Maßstab sind auch die Fotografien von Robert Mapplethorphe zu betrachten, die bestimmte Blickpositionen auf vornehmlich schwarze, männliche Akte produzieren (vgl. Mercer 1994: 171 ff.). Der Betrachter werde zu den Bildern positioniert. Die Art und Weise der Positionierung könne wiederum dafür stehen, wie Weiße auf Schwarze und die schwarze Sexualität blicken. Damit wird dem weißen Betrachter sein eigener „look" (ebd.: 173) widergespiegelt.

2.5 Weißsein als Ort struktureller Vorteile und Privilegien

Wie anhand der bisherigen Ausführungen offensichtlich ist, gehen mit dem Weißsein strukturelle Vorteile und Privilegien einher: Weiße erfahren in der Öffentlichkeit eine „heterogene, individuelle und vielfältige Repräsentation" (Amesberger/ Halbmayr 2008: 130). Sie erhalten dadurch den *gehobenen* Status eines Individuums, auch wenn sie in der Regel nicht explizit als weiß benannt werden (s. Punkt 2.1). Die Dimensionen dieses ungleichen Verhältnisses zwischen Schwarzen und Weißen sind vielschichtig. Die Autorinnen beschränken sich auf die Darstellung geographisch-räumlicher und beruflicher Benachteiligung und führen nach Hautfarben getrennte Wohnviertel und widersprüchliche Qualifikationszuschreibungen bei Schwarzen an (vgl. Amesberger/ Halbmayr 2008: 131). Diese Form der erfahrbaren Benachteiligung gehe insgesamt betrachtet auf die Minderbewertung Schwarzer zurück. Eine Filmanalyse von Dyer zur Hollywood-Produktion: Rising Sun (1993) verdeutliche die Geringschätzung der kognitiven Leistungsfähigkeit Schwarzer: der weiße Protagonist Sean Connery werde stärker ausgeleuchtet als der schwarze, inhaltlich gleich gestellte Protagonist Wesley Snipes. Dadurch reproduziert der Film „einfach die gewöhnliche Art und Weise, Weiße mit den inhärenten und überlegenen geistigen Vorgängen in Verbindung zu bringen" (Dyer 1995: 158).

Weiße sind sich ihrer Vorteile und Privilegien vielfach nicht bewusst, da sie ein Leben außerhalb dieses künstlichen Schutzraumes nicht kennen (vgl. Amesberger/ Halbmayr 2008: 131). Dies kann auf das Habitus-Konzept nach *Pierre Bordieu* zurückgeführt werden (vgl. Jungwirth zit. n. Amesberger/ Halbmayr 2008: 131). Bordieu ist grundsätzlich der Annahme, dass sich Menschen in einem symbolischen Raum sozialer Positionen und Lebensstile befinden und sich darin bevorzugt bewegen (vgl. Bordieu 2006: 354 ff.).

2.6 Weißsein als performativer Akt

Wie der Begriff „Performance" bereits impliziert, kann Weißsein als handlungsgeleiteter, dynamischer Prozess verstanden werden (vgl. im Folgenden Amesberger/ Halbmayr 2008: 132). Das Konzept des Weißseins müsse demnach permanent durch sogenannte „Loyalitätsbekundungen" (ebd.: 132) von Weißen neu manifestiert werden, um überhaupt zu existieren. Die Feststellung, dass Weißsein keinen statischen Zustand bedeute, birge ein hohes Veränderungspotential im Hinblick auf die klassische Trennung zwischen Schwarz und Weiß. Menschen, unabhängig von ihrer Hautfarbe, haben damit *selbstständig* die Chance sich zum Weißsein zu positionieren und überholte Sichtweisen abzulehnen.

Die Art und Weise, wie sich Weiße dem Weißsein zuwenden, lassen sich in drei Kategorien einteilen (vgl. im Folgenden Wollrad zit. n. Amesberger/ Halbmayr 2008: 132):

1. Indem Weiße ihr Weißsein nicht explizit thematisieren, verschweigen sie ihren Status kollektiv (s. Punkt 2.2).

2. Die genau gegenteilige Position zum vorangegangenen Punkt spiegelt sich in einer Überhöhung von Weißsein bei rechtsradikalen Gruppen wider.

3. Schließlich zeigt sich Weißsein als performativer Akt über nonverbale *Performances,* vor allem über den zurichtenden Blick bzw. dessen unbwusste Übernahme (s. Punkt 2.4). Diese Form erscheint Amesberger und Halbmayr besonders bedrohlich: „In dieser Taxierung der Differenz äußert sich eine gewaltsame Aufführung von Weißsein, welche seinem Gegenüber den Subjektstatus verwehrt und ihn ausschließlich als Objekt wahrnimmt." (Amesberger/ Halbmayr 2008: 132). Auch Dyer betont, dass das Vorhandensein technischer Mittel nicht allein zur Diskriminierung beitrage. Vielmehr ist es der bewusste Gebrauch derselben, der zur Differenzierung zwischen andersfarbigen Menschen beiträgt (vgl. Dyer 1995: 159).

2.7 Weißsein als (Konflikt um) Identität

Das performative Bestätigen des eigenen Weißseins erlaubt Rückschlüsse darauf, dass Weißsein als Bestandteil der Identität gewertet werden kann (vgl. Amesberger/ Halbmayr 2008: 133 f.). So betont auch Groebner, dass „Weißwerden" zur Unterscheidung von einer anderen Gruppe dient und damit zur eigenen Identität beiträgt (vgl. Groebner 2003: 16). Dieser identitätsstiftende Aspekt werde – ähnlich wie das Weißsein selbst (vgl. Punkt 2.2) - von Weißen kaum gesehen und anerkannt. Allerdings werde die eigene Identität von Weißen verteidigt, wenn sie bedroht oder hinterfragt werde.

Grundsätzlich werde Identität durch weitere soziale Zuschreibungen, wie Alter oder Geschlecht, erzeugt. Diese Schnittstellen zu anderen Machtdimensionen enstehe laut Amesberger und Halbmayr ein Spannungsfeld, da jede Dimension einen bestimmten Anteil am Prozess der Identitätsbildung trage. Weißsein sei daher nicht allein als identitätsstiftendes Merkmal zu betrachten. Dadurch könne Weißsein als Identität auch gebrochen und relativiert werden und Neuinterpretationen des Weißseins werden möglich.

2.8 Verengungen und Überdehnungen von Weißsein

Das letzte Kapitel von Amesberger und Halbmayr unternimmt den Versuch, die Herausforderungen bei der Übertragung sowie in der produktiven Umsetzung der Critical Whiteness-Forschung im deutschsprachigen Raum auf sozialer, politischer und historischer

Ebene zu erfassen (vgl. Amesberger/ Halbmayr 2008: 134 ff.). Diese Herausforderungen beziehen sich nicht nur auf das Weißsein als solches, sondern auch auf die *Forschung* zum Weißsein, den *Blick* auf das Weißsein, etc. Nach der intensiven Beleuchtung der Dimensionen des Weißseins in den vorangegangenen Kapiteln (s. Punkte 2.1 bis 2.7) wird hier der tatsächliche Diskussionsstand zum Weißsein im deutschsprachigen Raum mit den damit verbundenen Schwierigkeiten und Entwicklungspotenzialen angeführt. Insofern sensibilisieren die vorangegangenen Kapitel den Leser für das Phänomen des Weißseins, während dieses Kapitel formal und inhaltlich deutlich davon zu unterscheiden ist. Die Argumentation baut auf den vorherigen Ansätzen auf und erfordert daher eine höhere Transfer- und Verknüpfungsleistung vom Leser. Darüber hinaus werden die Verengungen und Überdehnungen von Weißsein nicht explizit gekennzeichnet und sortiert, so dass der Leser zusätzlich mit dieser Zuordnungsarbeit konfrontiert wird. Im Folgenden werden die Verengungen und Überdehnungen herausgearbeitet und argumentativ nachvollzogen.

Die Autorinnen konstatieren eine *begriffliche Überdehnung des Weißseins*, wenn sie hervorheben, dass die Critical Whiteness Debatte aus den USA in Deutschland nur zögerlich und wenn, dann nur reduziert in Deutschland übernommen wird (vgl. Amesberger/ Halbmayr 2008: 135 f.). Die Reduzierung betreffe den Einbezug intervenierender Variablen, d.h. in der deutschsprachigen Debatte werden Kategorien wie Klasse, Nation, sexuelle Orientierung und Religion im Zusammenhang mit Weißsein unreflektiert verwendet. In diesem Zusammenhang steht auch die *Überdehnung der historischen Definition vom Weißsein:* Der Mythos vom arischen Weißen im nationalsozialistischen Rassismus erkläre beispielsweise nicht, warum Gruppen *einer* Hautfarbe, wie Juden Kommunisten und Homosexuelle, verfolgt wurden (vgl. ebd.: 140). Wichtig ist ein Blick für „intra-group-differences" (Griffin/ Braidotti zit. n. ebd.: 140) auf europäischer Ebene. Es findet insgesamt eine *Überdehnung der „Weißen Identität"* statt, wenn die Autorinnen feststellen: „(..) was diese Weiße Identität ausmacht, etwa Verortung in einer bestimmten Kultur, Berufung auf gemeinsame Musiktradition, auf gemeinsame ethnische oder regionale Herkunft, findet selten Erwähnung." (vgl. ebd.: 136). Dies führen sie auf eine geringe Interaktions- und Kommunikationsforschung zu explizit weißem Verhalten zurück. Die Überdehnungen von Weißsein sind damit als unscharfe Definitions- und Klassifikationsversuche für die Masse der Weißen zu werten, ohne dabei eine tatsächliche und vor allem kritische Einordnung vorzunehmen.

Auf der anderen Seite stellen die Autorinnen zahlreiche Verengungen von Weißsein heraus. Es finde eine *Verengung von Weißsein als Konzept* statt, da aktuelle Ansätze den deutschen Kolonialismus mit der US-amerikanischen Sklaverei gleichsetzen (vgl. ebd.: 135). Allerdings bestehen auch Tendenzen, den nationalsozialistischen Rassismus in das Weißsein-Konzept einzubeziehen, was wiederum als *Konzepterweiterung* zu werten ist. Bereits die Begrifflichkeit „Whiteness" bzw. „Weißsein" stelle eine *Verengung der Analysekategorie* dar. Diese Verengung beschränkt Schwarze auf sichtbar Schwarze, auch wenn in Deutschland der Anspruch zu einer Diskussion jenseits der Hautfarbe besteht (vgl. ebd.: 137; vgl. auch Argumentation im Sammelband „Mythen, Masken und Subjekte" (2005)). Allerdings räumen die Autorinnen hier auch Schwierigkeiten bei einer rein sozialpolitischen Sichtweise der Hautfarbe ein, da „Schwarz" und „Weiß" stets eine Farbigkeit impliziere. Selbst die *Forschung zum Weißsein* sei *verengt*. So beschäftigen sich Weiße vornehmlich mit den sogenannten White Studies zum eigenen Phänotyp, während „people of color" für die Erforschung von Differenz und auch struktureller Benachteiligung zuständig sind (vgl. Ware/ Back zit. n. ebd.: 136). Bemerkenswert ist die *Erklärung zum Weißsein*, die die Autorinnen als *verengte Sichtweise* deklarieren. Das „Schwarz/Weiß-Denken" ist „(..) auf alle Herrschaftsverhältnisse der Moderne und Postmoderne anwendbar, da das Denken in Dichotomien für die abendländische Denkweise grundlegend ist (..)" (vgl. Amesberger/ Halbmayr 2008: 139). Demnach sei eine diskriminierende Grundhaltung der Europäer gegenüber Schwarzen als scheinbar natürlich anzunehmen. Dieser verengte Blick auf die Vorherrschaft der weißen Europäer und das Denken in Dichotomien wird von Gabriele Dietze um einen kritischen Blickwinkel erweitert: der kritische Okzidentalismus sei analog zum Weißsein zu betrachten und beinhalte eine Überhöhung westlicher Werte. Diese Sichtweise basiert weniger auf tatsächlicher Differenz zum Orient als auf politisch-territorialer Abgrenzung zur Konstruktion des eigenen Selbst in Anlehnung an koloniale Hegemonie und Postkolonialität (vgl. Dietze zit. n. Amesberger/ Halbmayr 2008: 141). Der Okzidentalismus bilde eine Erweiterung des eurozentrischen Blicks, dem Orientalismus. Dadurch werden die Bestrebungen einer europäischen Identität als rassistische Strategie aufgedeckt (vgl. ebd.: 141). Die aufgezeigten Verengungen des Weißseins basieren daher wie Überdehnungen auf eigenwilligen Zuordnungen, die zu stark klassifizierend sind. Weiterhin werden hierüber auch die Beschränkungen des Weißseins aufgezeigt, die eine erweiterte, jedoch nicht überdehnte Perspektive erfordern.

Die Autorinnen fordern zur Weiterentwicklung der deutschsprachigen Debatte um das Weißsein ein „Analyseinstrumentarium(..) sozialer Ungleichheit, welches diese Überdehnungen und gleichzeitig Verengungen durch die Begriffsanwendung nicht notwendig macht, da es die verschiedenen Dimensionen der Macht im Bedeutungssystem bereits inkludiert hat (Mehrebenen-Modell)." (Amesberger/ Halbmayr 2008: 142). Mithilfe dieses

Mehrebenen-Modells soll eine wertfreie und damit sachgerechte Debatte im deutschsprachigen Raum beflügelt werden.

3. Persönliche Einschätzung und künstlerisches Zeitgeschehen

Das Anliegen der Autorinnen ist es, einen Überblick zur aktuellen Diskussion zur Critical Whiteness Debatte im deutschsprachigen Raum zu geben und damit den Themenkomplex in das Bewusstsein der Öffentlichkeit in seiner Aktualität zu rücken. Insofern weisen die Ausführungen eine hohe Parallelität zu dem Text von Richard Dyer über weiße Menschen und das Film-Bild (1995) auf, der es sich zum Ziel setzt, auf die nicht sichtbare weiße Norm der westlichen Filmindustrie aufmerksam machen (vgl. Dyer 1995: 152). Dem Anliegen und eigenen Anspruch an gesellschaftlicher Aufklärung werden die Autorinnen m. E. in vollem Umfang gerecht, weil sie dem Leser eine detaillierte Analyse der Dimensionen von Weißsein (Punkte 2.1 bis 2.7) liefern und anschließend den Stand der deutschsprachigen Debatte auf verschiedenen Ebenen vor Augen führen. Damit machen sie den (weißen) Leser auf institutionalisierte und damit internalisierte Normen im deutschsprachigen Raum aufmerksam und lösen darüber hinaus eine kritische Hinterfragung dieser Selbstverständlichkeiten aus. Das Werk lässt sich in die Entwicklung von Critical Whiteness als Zwischenresümee etwa fünfzehn- bis zwanzigjähriger Integrationsbemühungen im deutschsprachigen Raum einordnen. Es steht mit seinen zahlreichen Zitationen für eine angeregte wissenschaftliche Debatte. Dass noch einige „Arbeit" ansteht, gerade wenn es auf die breite Unterstützung der Bevölkerung geht, verraten die zahlreichen Überdehnungen und Verengungen von Weißsein. Ein Prozess des Umdenkens und des Loslösens von phänotypischen Klassifizierungen ist angezeigt. Diskussionswürdig ist, wie ein konkretes und vor allem praktikables Mehrebenen-Modell im Migrationsland Deutschland aufgestellt sein muss und welche Richtung damit im deutschsprachigen Raum eingeschlagen wird. Amesberger und Halbmayr verweisen lediglich auf die Konstruktionsweise dieses Modells, eine weitere Konkretisierung steht hier noch aus.
Es ist ein Zeichen von höchsten globalem Denken, wenn die künstlich erzeugten Unterschiede zwischen unterschiedlich farbigen Menschen abgelegt werden, ohne dabei die physiologische Differenz zu verleugnen. Dieses Denken ist m. E. in heutiger Zeit nicht nur gefragt, sondern für das langfristige „Überleben der Menschen" notwendig. Allerdings sind, wie in Punkt 2. „Critical Whiteness in der deutschsprachigen Debatte" aufgezeigt wurde, die Vorbehalte gegenüber dunkelhäutigen Menschen historisch gewachsen. Ein Umbruch muss daher behutsam vorangetrieben und vor allem langfristig verfolgt werden. Die Vergangenheit hat bereits gezeigt, dass sich aufklärerische Ziele und Anliegen lediglich verlagern statt wie

vorgesehen zu erfüllen. So haben die Ideale der Empfindsamkeit zur Abschaffung der Sklaverei beigetragen, während „ (..) die Fetischisierung des Erötens der Frau ein so eindrucksvolles visuelles Zeichen rassischer und damit rassistischer Unterscheidung lieferte." (Rosenthal 2001: 110).

Die künstlerische Aufarbeitung von phänotypischen Differenzen war und ist bis heute vielfältig und insbesondere für die erforderliche Aufarbeitung wichtig. Die „Metanationale" ist eine aktuelle Vereinigung von Künstlern und Wissenschaftlern aus Berlin, die sich in Projekten explizit mit den Themen „Nationalität, Zugehörigkeit, Migration und Identität" (http://www.metanationale.org/index.php/ueber-uns) auseinandersetzen. Die Gemeinschaft der Künstler und Wissenschaftler besteht aus „People of Color" und aus Menschen verschiedener, nationaler oder kultureller Hintergründe. Die Bezeichnung *metanational* ist als Sinnbild für das grenzüberschreitende Nationalitätsbewusstsein dieser Gruppe zu verstehen. Die Dominanz der Weißen steht ebenso im Fokus, wie der Facettenreichtum der multikulturellen Gemeinschaft. Als zentrale Veranstaltungsreihe ist auf „Re/Positionierung – Critical Whiteness/Perspectives of Color" aus dem Jahr 2009 hinzuweisen. Dieser Austausch war ausdrücklich auf das Bewusstmachen der rassistischen Dimension von Weißsein ausgerichtet und hat sich gegen die Einteilung von Menschen in Schwarz und Weiß ausgesprochen. Schließlich ist die wohl eindringlichste Forderung der kritischen Forschung zum Weißsein, die Identitätskonstruktion Weiß und deren politische und soziale Konsequenzen in der gesellschaftlichen Diskussion zu platzieren und damit zu hinterfragen. Dieser Schritt ist in Deutschland m. E. noch zu gehen. Die Aktivitäten der Metanationale tragen auf künstlerischer und wissenschaftlicher Ebene dazu bei und verschaffen sich mit ihren Aktivitäten ein Gehör in der Gesellschaft. Diese ausdrücklichen Bemühungen sind notwendig, um das Weißsein in seinen Dimensionen überhaupt zu sehen und zu erfassen. Der Erkenntnisgewinn ist anschließend so gut wie garantiert und erstaunlich hoch - so auch mein persönliches Resümee zu dem Themenkomplex. Erstaunlich ist dabei allerdings, welche ausdrücklichen Aktivitäten für die Bewusstwerdung des Weißseins erforderlich sind und damit welche Macht von den unterschiedlichen Medien – auch bereits vor Einführung der Fotografie und des Film ausgeht und den eigenen Blick *zurichtet*.

<u>Literaturverzeichnis:</u>

Amesberger, Helga/ Halbmayr, Brigitte: Das Privileg der Unsichtbarkeit. Rassismus unter
dem Blickwinkel von Weißsein und Dominanzkultur. Wien 2008, S. 119-142.

Bourdieu, Pierre: „Sozialer Raum, symbolischer Raum", in: Dünne, Jörg/Günzel, Stephan
(Hg.): Raumtheorie. Grundlagentexte aus Philosophie und Kulturwissenschaften.
Frankfurt a.M.: Suhrkamp 2006, S. 354-368.

Dyer, Richard: Das Licht der Welt - Weiße Menschen und das Film-Bild. In: Angerer, Marie-
Luise (Hrsg.): The Body of Gender. Körper. Geschlechter. Identitäten. Wien 1995,
S. 151-169.

Dyer, Richard: White. London, New York 1997.

Groebner, Valentin: Haben Hautfarben eine Geschichte? Personenbeschreibungen und ihre
Kategorien zwischen dem 13. und 16. Jahrhundert. Zeitschrift für historische
Forschung. 30. Band, 2003, S. 1-17.

Mercer, Kobena: Reading Racial Fetishism: The Photographs of Robert Mapplethorpe. In:
Ders.: Welcome to the Jungle. New Positions in Black Cultural Studies. New York u.a.
1994, S. 171-220.

Rosenthal, Angela: Die Kunst des Errötens. Zur Kosmetik rassischer Differenz. In: Uerlings,
Herbert/ Hölz, Karl/ Schmidt-Linsenhoff, Viktoria (Hrsg.): Das Subjekt und die
Anderen. Berlin 2001, S. 95-118.

Schmidt-Linsenhoff, Viktoria: Rhetorik der Hautfarben. Albert-Eckhouts Brasilien-Bilder. In:
Zeitsprünge. Forschungen zur frühen Neuzeit. Band 7, 2003, S. 285-314.

Stroebel, Leslie/ Zakia, Richard D. (Hrsg.): The Focal Encyclopedia of Photography.
3. Auflage. Boston 1993.

Wolf, Katja: Schwarz-Weiß-Malerei. Beobachtungen zum Inkarnat in Bildnissen mit
Mohrenpagen: In: Friedrich, Annegret (Hrsg.): Die Freiheit der Anderen. Festschrift
Für Viktoria Schmidt-Linsenhoff. Marburg 2004, S. 137-144.

<u>Internetquellen:</u>

http://www.metanationale.org, letzter Abruf am 04.03.2012.

BEI GRIN MACHT SICH IHR WISSEN BEZAHLT

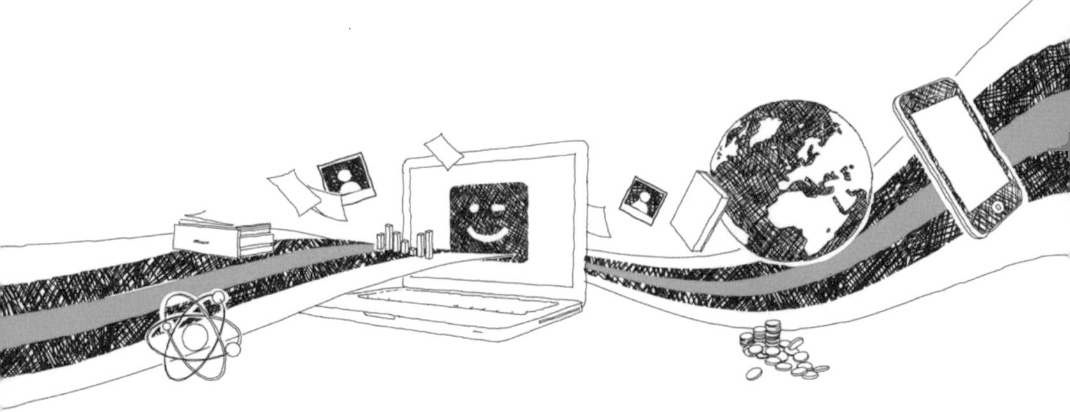

- Wir veröffentlichen Ihre Hausarbeit, Bachelor- und Masterarbeit

- Ihr eigenes eBook und Buch - weltweit in allen wichtigen Shops

- Verdienen Sie an jedem Verkauf

Jetzt bei www.GRIN.com hochladen und kostenlos publizieren

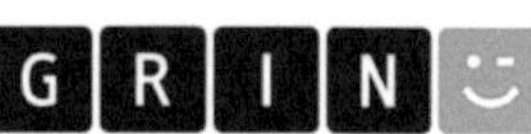